VIE DE CHARLES PICOT

ET

CATALOGUE DU MUSÉE

QU'IL A LÉGUÉ

A LA VILLE DE CHALONS-SUR-MARNE

CHALONS

IMPRIMERIE T. MARTIN, PLACE DU MARCHÉ-AU-BLÉ, 50

—

1874

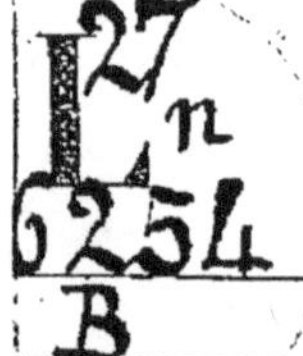

VIE DE CHARLES PICOT

ET

CATALOGUE DU MUSÉE

QU'IL A LÉGUÉ

A LA VILLE DE CHALONS-SUR-MARNE

CHALONS

IMPRIMERIE T. MARTIN, PLACE DU MARCHÉ-AU-BLÉ, 50.

—

1874

TABLE

NOTICE BIOGRAPHIQUE

SUR

M. CHARLES PICOT

INVENTEUR MÉCANICIEN

MEMBRE TITULAIRE DE LA SOCIÉTÉ ACADÉMIQUE DE LA MARNE

PAR M. CH. GILLET [1].

MESSIEURS,

L'enfance de celui qui devint notre collègue n'eut rien de particulièrement remarquable. Charles Picot (2), le dernier né d'une nombreuse famille, fut débile et maladif de corps, mais il devint bientôt et resta toujours un esprit attentif et intelligent.

Lorsqu'il fut assez grand pour apprendre à lire, il fréquenta l'école de Saint-Memmie, non pas durant les beaux jours, et quand le chemin est facile du mamelon Picot à Saint-Memmie, mais pendant la saison d'hiver seulement ; et alors, quelque temps qu'il fît, pluie, neige, boue ou

(1) La notice sur M. Picot a été lue le 27 août 1862, en séance solennelle de la Société académique de la Marne.

(2) Charles Picot, né à Châlons-sur-Marne le 5 mars 1799 et décédé dans la même ville le 18 novembre 1861, était fils du meunier qui fit construire, près de la ville de Châlons-sur-Marne, à la bifurcation des deux routes de l'Épine, le moulin connu sous le nom de Moulin-Picot.

gelée, le jeune élève descendait assidûment au village et allait s'asseoir exact et studieux sur les bancs de l'école.

Nous ne serions pas dans le vrai si nous disions qu'il reçut ce qu'on appelle une éducation brillante, mais nous pouvons affirmer qu'il profita fort heureusement de toute l'instruction que pouvait lui donner un instituteur intelligent et dévoué à ses fonctions. L'instruction primaire qui, sous sa forme nouvelle, naissait à peine en France, rendait déjà aux populations ouvrières des villes et des campagnes, les plus grands services.

C'est partagé entre les occupations de la campagne pendant l'été et la fréquentation de l'école pendant l'hiver, que le jeune Charles atteignit l'âge où l'existence enfantine va disparaître pour faire place à une vie plus occupée et plus sérieuse. Aux travaux des champs il fallut joindre les soins exigés par l'exploitation du moulin, et soulager dans ses travaux un père qui avait déjà honorablement travaillé pendant de longues années, et qu'un événement deux fois malheureux devait rendre presque impotent.

Cette vie simple, qui amène avec elle la paix et ses douceurs et qui ne nuit en rien à la réflexion, ne déplaisait pas au jeune Picot ; mais elle fut agitée par deux événements importants qui apportèrent le trouble dans la maison paternelle. De cette maison, placée dans une situation élevée, on aperçoit le panorama de la ville de Châlons et un immense horizon qui ne manque pas d'une certaine beauté (1). Au premier plan, on voit les murailles et les bastions, restes d'anciennes fortifications ; les grands édifices civils, les dômes, les églises antiques avec leurs hautes tours surmontées de flèches élancées et

(1) Voir la gravure de Hugues Picart représentant une vue de la ville de Châlons.

hardies ; les allées et les massifs d'arbres qui, formant les promenades, semblent entourer la ville d'une ceinture agreste, et la ligne de verdure, de bosquets, de peupliers, qui suit au loin les sinuosités capricieuses du cours de la Marne.

Au deuxième plan, s'élèvent les coteaux de Fagnières et du mont Saint-Michel, avec leurs constructions rurales et industrielles, et les plateaux champêtres qui profilent jusque vers l'extrême horizon leurs lignes arrondies ou brisées.

Dans le lointain apparaît le sommet du Mont-Aimé de Vertus, qui marque le commencement de ces riches coteaux, de ces riantes collines où poussent avec vigueur les vignes si célèbres par leurs produits ; cette série de coteaux est terminée par la montagne de Reims, dont on distingue les sentiers tortueux et les chemins difficiles serpentant à travers les champs, les vignes et les bois.

Si le spectateur, après avoir embrassé d'un seul coup d'œil ce vaste tableau, se tourne vers l'est, il voit apparaître l'un des plus brillants joyaux de l'architecture religieuse, l'église de Lépine, chef-d'œuvre de l'art gothique, s'élevant avec majesté au milieu de ces immenses plaines champenoises, qui virent si longtemps passer le flux et le reflux des Barbares et des Romains. Ces sites sont faits assurément pour inspirer l'amour de la nature et la reconnaissance envers le Créateur ; et cependant, les points élevés d'où on les contemple sont justement ceux dont les chefs de troupes se disputent la possession, comme étant les plus favorables pour la direction ou pour la décision d'une bataille.

En 1814 ce lieu fut occupé par un corps de troupes étrangères qui livra au pillage le village de Saint-Memmie ainsi que les fermes écartées, et bombarda la ville de

Châlons pendant plusieurs heures. M. Picot père, saisi par les ennemis, obligé de servir de guide, fut accablé de mauvais traitements tels, que sa santé en resta complètement ruinée. Les autres membres de la famille, éperdus et terrifiés, avaient fui et cherché un refuge incertain dans la ville de Châlons.

Quand ce fléau fut passé, la famille expulsée retourna enfin à sa demeure qu'elle trouva dévastée ; le mobilier avait été enlevé, les fenêtres, les portes, les meubles avaient été brisés et brûlés ; il ne restait plus que les charbons marquant les places des bivouacs, et quelques restes de grains que les chevaux des cosaques avaient laissés ; grains, farines, portes, fenêtres, meubles, mobilier, tout cela était enlevé, brisé ou brûlé ; il fallut remédier à ce désastre par un travail obstiné. Déjà on commençait à oublier dans la résignation ces funestes événements, lorsque l'année 1815 ramena de nouvelles craintes et des alarmes sérieuses. Quelques jours après la bataille de Waterloo, des soldats ennemis apparurent de nouveau dans les champs châlonnais, la famille Picot fut encore obligée de fuir. Ces troupes fort heureusement ne firent que passer, et la famille, en rentrant au foyer domestique, n'eut pas à déplorer d'aussi grandes pertes que l'année précédente. A partir de ce moment, l'existence du jeune Charles ne fut plus troublée par des faits de guerre, il put s'adonner entièrement à des travaux de son goût.

C'est alors qu'il fit seul, par la réflexion, son éducation de mécanicien ; il n'eut d'autre maître, d'autre école professionnelle, que le puissant géant aux grands bras qui mit jadis dans un si pitoyable état le dernier des chevaliers errants.

Le moulin à vent, cette machine si vulgairement connue dans son apparence extérieure et par l'utilité de ses produits, ne marche qu'à l'aide d'un appareil qui, en mécanique, a de la valeur. Saisir au passage un moteur capricieux comme le vent, l'utiliser au point de le faire servir à transformer le blé en farine, c'est une opération qui ne peut pas se faire sans l'intermédiaire de plusieurs organes importants.

Tous ces rouages, dont la puissance échappe aux personnes inattentives, furent observés par Charles Picot, étudiés pendant plusieurs années, compris et enfin imités. C'est par ce travail intime et incessant de la pensée que, s'assimilant tout ce qu'il voyait, il acquit des notions mécaniques qui devaient lui servir plus tard. Mais pendant ce temps, il était sorti de l'adolescence et il voulut se créer des ressources en dehors de la maison paternelle. Il était convaincu avec raison que l'homme, arrivé à un certain âge, doit trouver en lui-même ses moyens d'existence. C'est encore dans l'observation de ce qui se passait autour de lui qu'il trouva la possibilité de réaliser ses désirs. La route de Sainte-Menehould est tracée devant la maison paternelle ; de nombreux marchands de bois de chauffage et de construction la parcouraient alors ; ils s'arrêtaient volontiers à la maison du meunier, et comme tous bons marchands ils aimaient à raconter leurs affaires à un auditeur attentif, qui ne tarda pas à se rendre compte des conditions du commerce des bois.

Dans toutes les affaires de la vie, de la compréhension à l'exécution il y a souvent un abîme ; dans la circonstance, il y avait une grosse difficulté ; il fallait de l'argent, et Picot ne voulant en emprunter ni à ses parents, ni à ses amis, ni à des étrangers, ne dut compter que sur lui-même. Il fallut donc s'en prendre à ses économies, et comme il n'avait jamais rien dépensé en plaisirs futiles ou grossiers, il parvint à réunir, après ses dépenses d'entretien payées, un capital de 100 francs. C'était une modeste somme pour un commerce, il la doubla en s'associant avec son frère Jean, qui apporta à la communauté une somme égale.

Les modernes faiseurs d'affaires doivent sourire de pitié a ce récit, qui paraît appartenir à un temps et à des mœurs bien éloignés de nous. Cependant l'entreprise commencée avec un capital de 200 francs prospéra, grâce à beaucoup de labeurs, et fut menée à bonne fin. Les deux frères Picot, après quelques années passées dans le commerce des bois, se séparèrent en partageant un bénéfice de 5,000 francs. Une somme de 2,500 francs pour chaque frère, c'était presque une fortune qui leur permit de prendre une profession plus particulièrement conforme à leurs goûts. L'aîné, Jean, fut cultivateur. Le jeune Charles se fixa à Châlons et, commençant sa vie de mécanicien, se mit à exécuter pour les ouvriers en bois ces outils nouveaux que les progrès de l'industrie réclament sans cesse, et qui rendent le travail plus facile et plus rapide. Cette profession était suffisamment productive ; elle eût maintenu son maître dans une honnête aisance, cependant elle ne répondait pas aux inspirations du mécanicien ; alors il entra en relation avec M. Roux, chef d'atelier pour la menuiserie et l'ébénisterie à l'école des arts et métiers de Châlons-sur-Marne. M. Roux vous avait présenté, en 1827, le modèle d'une scierie mécanique perfectionnée, de son invention, et vous aviez donné votre approbation et vos encouragements à ce travail, en déclarant la machine simple et ingénieuse.

Ce modèle de machine à scier, qui lors de sa première apparition, mérita vos encouragements, était l'embryon d'où Picot devait faire sortir, après plusieurs transformations, la machine à trancher.

Les deux mécaniciens associèrent leurs talents et se présentèrent en 1831 devant vous, non plus avec un modèle, mais avec une machine à scier, établie en grand et qui avait subi l'expérience de plusieurs années. Vous avez décerné alors à M. Roux une médaille de première classe, et une médaille de même ordre fut décernée à M. Picot, pour avoir perfectionné la machine et l'avoir mise en activité.

C'est dans ces circonstances et par ces travaux que M. Picot se révéla à la Société scientifique du département et au public. En 1831 vous eûtes, et il faut le reconnaître aujourd'hui, le mérite d'ouvrir le chemin de la publicité et des honneurs à l'homme qui devait opérer une révolution pacifique dans l'industrie du bois de placage, en substituant à l'antique et grinçante scie, la lame à trancher.

La scie dentelée a rendu et rend encore les plus utiles services. mais c'est en dévorant une partie du bois qu'elle divise. Lorsque l'on scie du gros bois de charpente ou de menuiserie, la perte est peu sensible ; mais pour les bois de placage divisés en feuilles très-minces, la perte est égale au produit; c'est-à-dire que pour obtenir une feuille de placage avec la scie ordinaire, on perd une autre feuille qui s'échappe en une sciure sans valeur. Il fallait précisément éviter cette perte et diviser le bois, sans sciure et avec une précision jusqu'alors inconnue. C'était une grande difficulté que de créer un instrument qui rendît un pareil service; et cette idée, qui nous paraît aujourd'hui très-simple dans sa conception, fut considérée, lorsqu'elle apparut, comme une impossibilité.

Dès que le jeune mécanicien se trouva en présence de cette difficulté, il ne se donna ni repos ni trêve qu'il ne l'eût surmontée; mais, quelle que fût son ardeur, il ne se lançait pas aveuglément dans une opération. Picot, à l'esprit d'invention unissait la prudence, et avant d'établir sa grande machine à trancher, il construisit un appareil propre à couper le bois de placage de petites dimensions, pour la brosserie. Cet appareil a pour organe principal une grande roue ou volant, renfermant dans son orbite deux cercles où sont fixées deux lames disposées en biseau ; la grande roue reçoit un rapide mouvement de rotation et fait tomber ainsi avec rapidité les lames tranchantes sur une bille de bois dont elles détachent promptement des feuilles minces et unies. On obtient par ce moyen, en outre du placage pour la brosserie et pour les petits meubles, le bois papier propre à l'impression de la lithographie et de la gravure, à raison de dix feuilles par millimètre d'épaisseur.

En 1834, cette machine vous était présentée, et vous accordiez à l'inventeur une récompense de première classe. Ce résultat, déjà si remarquable, ne satisfaisait pas M. Picot, qui voulait arriver à trancher le bois de placage de la plus grande dimension ; aussi, dès l'année 1835, il soumit à votre examen sa grande machine à trancher et à mouvement vertical ; vous lui avez décerné alors un rappel de médaille.

Au récit de ses succès annuels, il ne faut pas croire qu'ils étaient facilement obtenus. Non, Picot, au milieu de ses préoccupations industrielles si nombreuses. au milieu de luttes contre la matière non encore assouplie et vaincue, au milieu de luttes plus difficiles contre l'indifférence, la prévention, le dénigrement ou la rivalité, Picot, disons-nous, était en proie à une grave maladie qui le mit plusieurs fois aux portes du tombeau, mais qui n'ébranla jamais son courage.

L'invention avait éprouvé dans sa marche, dans son application, un obstacle sérieux : la partie noueuse du noyer avait résisté à l'action du nouvel appareil, c'était un inconvénient qu'il fallut faire disparaître et qui disparut en effet bientôt.

En 1836 vous déclariez, après un nouvel examen, après une longue expérience, que l'inventeur avait enfin vaincu cet obstacle, qu'il était arrivé à trancher la partie noueuse du noyer avec facilité, et vous lui décerniez une médaille d'or. C'est donc en cette année qu'était établie définitivement cette machine simple dans son appareil, remarquable par ses résultats, qui devait marquer le plus grand progrès qui ait jamais été fait dans l'industrie du sciage.

Quelques mois après, en 1837, vous fûtes heureux d'ouvrir vos rangs à M. Picot, en le nommant membre titulaire résidant : c'était la plus haute distinction que vous pussiez lui accorder.

Vous aviez donné l'exemple et l'impulsion, et depuis lors votre collègue reçut de diverses autres sociétés et dans différents concours, des médailles justement méritées. Nous demandons la permission de citer particulièrement la distinction qu'il obtint à l'exposition universelle de Paris en 1855.

Dans cet immense palais ouvert à l'Industrie et aux arts, au milieu du concours des industriels, des inventeurs, des artistes du monde entier, l'épreuve était faite dans des conditions rigoureuses, les concurrents étaient nombreux et puissants, redoutables par leur mérite ; mais la machine Picot, dont la valeur était constatée par vingt années d'expérience, fut distinguée et obtint une médaille de première classe.

Par suite de l'état déplorable de sa santé, l'inventeur avait été obligé de céder le droit à l'exploitation de ses brevets, et ensuite la propriété de son invention ; il eut cependant le précieux avantage, rarement réservé aux hommes possédés du génie inventif, d'arriver à une honorable aisance. Après lui, de riches maisons exploitèrent habilement ses inventions en Europe et en Amérique, et réalisèrent des bénéfices très-considérables.

Pour qu'on puisse se faire une idée exacte de l'importance de l'invention, il convient de dire qu'elle apporta une économie de 50 p. 0/0 dans l'industrie du placage, dont l'importance est estimée annuellement à 15,000,000 de francs, pour la France seulement.

Cette économie frappant sur le commerce du placage, et par conséquent sur l'ébénisterie, a donné à ces deux branches de l'industrie française un essor considérable. Cette heureuse influence ne s'est pas arrêtée à la France, elle s'est répandue promptement en Angleterre d'abord, en Amérique ensuite, et enfin dans l'Europe entière. Si on veut estimer approximativement le chiffre total des affaires sur lequel elle agit, il faut ajouter à la somme indiquée pour la France, les sommes qui sont naturellement afférentes aux autres pays de l'Europe et de l'Amérique. Nous ne connaissons pas exactement ces chiffres, et, tout en laissant à chacun le soin de les évaluer, nous pensons néanmoins qu'ils s'élèvent à un total considérable.

M. Picot eût pu se livrer à un repos que sa mauvaise santé lui rendait nécessaire, mais l'inventeur ne comptait pas avec l'homme physique, et dès que le besoin d'un nouvel instrument, d'une nouvelle machine, se faisait sentir, il s'imposait la tâche de répondre promptement à l'appel du public. Depuis longtemps les fabricants d'étoffes réclamaient une machine qui accélérât et rendît précise la double opération du mesurage et du pliage : M. Picot étudia ce problème, le résolut, et établit la machine qui plie, mesure et compte, avec une précision mathématique, vingt-cinq mètres d'étoffe par minute.

En 1843 il inventa et exécuta une machine à opérer les

vins de Champagne, à doser les liqueurs et à remplir les bouteilles recouleuses.

C'est à cette même époque qu'il apporta de grandes améliorations dans le mécanisme qui sert à broyer les graines oléagineuses.

En 1849 il établit le modèle de son échafaudage mobile pour télégraphe aérien portatif ou pour machines de secours dans les incendies.

En 1850 il inventa la machine à secouer les bouteilles de vin de Champagne. Elle est en usage chez beaucoup de négociants. Il est arrivé, par ce nouvel appareil, à imiter le mouvement de la main et à multiplier la rapidité d'une opération indispensable dans la manipulation des vins mousseux.

Mentionnons ici ses ressorts en spirale, pour éviter la rupture des fils télégraphiques, qui se dilatent ou se resserrent sous l'influence des températures variées ; les dessins qu'il a laissés pour une machine à ficeler les vins de Champagne, et enfin la machine à moissonner et à faucher, inventée en 1858, et perfectionnée pendant les années suivantes.

De même que nous avons vu M. Picot répondre promptement à l'appel des fabricants d'étoffes, nous allons le voir s'empresser de satisfaire aux demandes des agriculteurs, se plaignant que les ouvriers leur manquent pour moissonner, en temps opportun et avec une rapidité convenable, les récoltes parvenues à leur maturité.

M. Picot se mit bientôt à l'étude, et donnant une forme à ses idées, il construisit une machine à faucher. Il avait renoncé à faire mouvoir l'ancienne faulx au moyen d'un mécanisme, parce que le travail produit ne pouvait pas répondre à la force employée. Il renonça aussi au système des faucilles se mouvant sur un plan horizontal, l'assemblage des faucilles ne pouvant agir qu'à l'aide d'un mécanisme fort compliqué. Il dut donc se borner à l'emploi d'une scie horizontale mue rapidement entre deux lames à dents allongées qui saisissent les tiges des blés ou des foins, et les préparent à recevoir l'action de la scie.

La machine Picot, montée sur des roues ordinaires, a l'aspect d'une charrette ; les roues et le brancard sont en bois et peuvent être faits par le charron le plus ordinaire ; les engrenages seuls sont en fer, ainsi que certaines autres parties qui ne comportent pas l'usage du bois. C'est-là un des grands mérites de cette machine et un avantage dont on ne lui a pas assez tenu compte ; ajoutons à cela que, montée sur des grandes roues, elle peut voyager aussi facilement qu'une autre voiture, que son appareil est toujours prêt à fonctionner et n'a pas besoin d'être démonté pour passer d'un lieu à un autre. Peu de faucheuses réunissent ces conditions.

Cette machine à faucher ne fut essayée dans aucun concours ; à Paris on n'eut pas le temps d'examiner ; à Châlons, au moment de l'épreuve, un boulon vint à casser et la machine fut retirée du concours ; alors l'inventeur se mit à la faire fonctionner d'une manière tout à fait pratique. Elle a fauché et mis en andains 60 hectares de récoltes dans les propriétés de M. Jacquesson, qui se plaît à faciliter et à encourager les expériences les plus intéressantes et les innovations les plus utiles.

En 1861 cette machine a coupé promptement et facilement cinq hectares d'une forte luzerne présentant des difficultés ; c'était la dernière épreuve que devait lui faire subir son inventeur.

Notre collègue n'a pu continuer à faire fonctionner sa moissonneuse ; la maladie et enfin la mort, obstacles insurmontables, s'y sont opposées. C'est à ce moment, c'est par cette dernière invention, que se termine l'existence de M. Picot, comme mécanicien ; nous vous demandons la permission d'ajouter quelques mots de souvenir à l'amateur des arts, au fondateur d'un musée artistique qui prendra désormais le nom de MUSÉE PICOT.

Le travail de l'invention, celui de l'exécution, les soins nécessités par l'exploitation de brevets plus faciles à acquérir qu'à préserver de l'invasion des parasites et des contrefacteurs, tout cela ne suffit pas pour remplir la vie de M. Picot.

S'il avait le génie de l'utile, il avait encore le goût du beau ; il était doué, en outre, d'une remarquable aptitude pour la réparation des objets d'art les plus délicats. Sous ses doigts habiles, une statuette brisée, un meuble vermoulu, un tableau dégradé, les chefs-d'œuvre de serrurerie, les bas-reliefs en marbre, les ivoires sculptés, les Sèvres ou les Saxe, tous ces objets enfin que le temps nous transmet vieillis, usés ou altérés par le vandalisme, renaissaient promptement et apparaissaient comme au jour où l'artiste créateur les exposa à l'admiration publique.

M. Picot a réuni pendant trente ans des objets d'art, et il est parvenu, à force de recherches patientes et par un travail assidu, à former une collection aussi curieuse qu'importante.

Sans vouloir dresser ici un catalogue, permettez-moi de citer parmi ses tableaux les plus remarquables, son magnifique saint Jérôme, méditant sur la mort, tableau sur bois, daté de 1419 et attribué à Van Eyck (Jean de Bruges) ; puis les deux vieillards en prière, peints sur bois par Holbein ; son tableau de la vieille femme, sans

2

nom d'auteur, mais qui n'est rien moins qu'un chef-d'œuvre du genre.

Parmi ses émaux il faut citer : des bysantins authentiques du XIIe siècle, des Nouailher et des Laudins de Limoges, de la plus grande pureté de dessin et d'un brillant coloris.

Parmi les meubles : ses buffets Henri II, son médailler Henri IV, en vieux chêne, sa crédence gothique, ses meubles et ses cabinets Louis XV, feraient l'ornement des plus riches musées.

Je ne ferai pas d'autres citations ; je veux terminer en vous rappelant les deux grands actes par lesquels M. Picot a terminé sa vie, le don d'un musée à la ville de Châlons et la fondation d'un prix de mécanique ; ici toute paraphrase est inutile, j'expose dans toute sa simplicité la pensée du donateur :

« Je lègue à la ville de Châlons ma collection d'objets
» d'art et de curiosité. Ces objets seront déposés à perpé-
» tuité dans une salle faisant suite à la bibliothèque de
» la ville et spécialement destinée à recevoir les objets du
» présent legs, pour y établir un commencement de musée
» public. »

. . . .

« Je lègue à la Société d'agriculture, commerce, sciences
» et arts du département de la Marne, une somme de
» 5,000 francs dont la rente servira à perpétuité à récom-
» penser les artistes qui auront inventé ou perfectionné
» des machines utiles. »

On ne commente pas des actes aussi honorables et qui couronnent dignement une vie utile au pays. On les livre avec confiance à l'appréciation des contemporains et au jugement de la postérité.

Nous ne croyons pas que le milieu où se sont passées l'enfance et la jeunesse de notre collègue ait été sans influence sur les dispositions artistiques qui devaient plus tard se révéler en lui. La contemplation, pendant vingt ans, des grands spectacles, des phénomènes de la nature, peut bien ne pas agir sur tout le monde, mais ce n'est pas une chose indifférente pour une intelligence distinguée, pour une âme sensible.

Celui qui a su considérer chaque jour les magnificences que le peintre divin a répandues avec profusion sur la terre et dans le monde, les verdoyantes prairies où se reposent si doucement les regards, les moissons qui s'agitent et s'inclinent sous le vent, comme les eaux d'un lac légèrement soulevées, la grâce, la variété et l'éclat de mille et mille fleurs ; celui qui s'applique à suivre le cours régulier et magnifique des astres, les merveilleux effets du soleil qui, à son lever ou à son coucher, teint de feux si brillants et le ciel et les nuages, et le calme grandiose des nuits sous les scintillations stellaires, et enfin tous ces spectacles toujours renouvelés et dont on ne se lasse jamais, prodigués à tout le monde, au riche comme au pauvre, au faible comme au fort, aux grands comme aux petits ; celui, disons-nous, qui a été un digne contemplateur de pareils tableaux, a forcément laissé déposer en lui des germes précieux, un goût pour le beau, une élévation de pensées, qui donneront naissance plus tard à de nobles occupations et à des actions généreuses.

Tel a été, Messieurs, dans sa jeunesse et dans sa vie, Charles Picot, notre collègue, fils de meunier, élève de l'école primaire de Saint-Memmie, garçon meunier, ouvrier en bois, mécanicien, inventeur, fondateur d'un musée, fondateur d'un prix de mécanique.

Peu d'existences ont été aussi bien remplies que celle-ci.

Ce n'est pas sans efforts et sans peine que notre collègue a pu acquérir un rang distingué dans la société : il a fallu qu'il s'appliquât, dès sa jeunesse, à développer ses bonnes dispositions naturelles, et s'il est arrivé, ce n'est point par le hasard, ce n'est point par le jeu ou le caprice d'une fortune aveugle, c'est par l'économie, par l'ordre, par l'intelligence, par la réflexion, par le travail. et enfin par la persévérance.

Toutes ces qualités, qui ne sont point aussi rares qu'on peut le croire, feront toujours sortir de la foule ceux qui les possédant, voudront bien ne pas les laisser s'éteindre dans l'inertie, mais les employer avec courage et sans relâche. Elles ne formeront pas infailliblement un mécanicien distingué, un amateur des arts, — assez d'autres carrières sont ouvertes à l'activité humaine, — mais elles feront toujours de l'individu décidé à marcher dans la voie du travail et de l'honnêteté, un homme de bien qui, comptant sur ses forces et les utilisant, arrivera à se créer dans le monde une place honorable, et emportera, comme Charles Picot, les regrets de ses concitoyens (1).

---

(1) La ville de Châlons a assuré, en ce qui la concerne, l'exécution du estament Picot, en disposant dans les salles de la bibliothèque et en ouvrant au public la collection d'objets d'art et d'antiquité due au généreux donateur.

Elle a fait, en outre, élever à ses frais, dans le cimetière de l'ouest, un monument funèbre, sur le terrain cédé à perpétuité, où repose le corps de Charles Picot.

MUSÉE PICOT

CATALOGUE

I. SCULPTURE.

**Marbres. — Pierres. — Plâtres. — Bois. —
Ivoires. — Terre cuite. — Bronzes,**

1. — Le buste du Christ, sculpté en marbre blanc : — médaillon encadré.

2. — Le duc de Lorraine, Charles III, buste sculpté en marbre blanc : — médaillon encadré. — xviie siècle.

3. — Louis XV, buste en marbre tendre, sculpté par Joseph Rosset, de Saint-Claude. — xviiie siècle.

4. — Marie Leczincka, buste en marbre tendre, sculpté par Joseph Rosset. — xviiie siècle.

5. — Nymphe à sa toilette : — statuette en marbre.

6. — Sainte Marguerite conjurant le démon : — statuette en marbre.

7. — Un grand Mandarin chinois : — statuette en pierre de Lard (œuvre d'un artiste chinois).

8. — L'adoration des Mages : — groupe en marbre ; — sculpture du moyen-âge.

9. — Les enfants lutteurs : —groupe en marbre, sculpté en bas-relief par Joseph Rosset.— xviiie siècle.

10. — La Sainte Famille, d'après le tableau de Raphaël : — groupe en marbre sculpté en bas-relief; cadre en ébène, écaille et cuivre repoussé.

11. —Adam et Eve chassés du paradis terrestre : — groupe en marbre sculpté en haut-relief.

12. —Un calvaire : — groupe en marbre d'Orient. — xve siècle.

13. — Modèles en plâtre des bas-reliefs de l'arc de triomphe du grand pont de Marne de Châlons. — Cet arc de triomphe a été malheureusement détruit par la mine, le 4 février 1814, lors des combats de cette époque.

14. — Deux Ecussons avec armoiries, sculptés sur pierre. — Ils proviennent d'une maison de Châlons, habitée jadis par Gabrielle d'Estrées, ainsi que les deux cheminées qui figurent au musée de Cluny, sous les numéros 1896 et 1897 et qui sont dues au ciseau de Hugues Lallement, célèbre sculpteur châlonnais du xvie siècle.

15. — Buste du chevalier de La Touche, artiste châlonnais, peintre, dessinateur, poète et fondateur de l'Ecole gratuite de Dessin de Châlons. — xviiie siècle.

BOIS.

16. — Etui pour bâton de maréchal, en ébène
sculpté. — Siècle de Louis XIV.

17. — Deux mains liées du Dieu de pitié de la
cathédrale de Châlons-sur-Marne : — bois
de chêne sculpté.

18. — Tête de Faune en bois sculpté et doré.

19. — Cinq panneaux en bois de chêne sculpté,
provenant de l'ancien jubé de l'église
Notre-Dame de Châlons-sur-Marne.

20. — Un modèle de château-fort, sculpté et
peint par M. Lemaire, de Châlons-sur-
Marne.

21. — Un portefaix napolitain, au xvie siècle : —
statuette en bois.

22. — Deux nègres Lucifères : — bois sculpté et
doré. — xviiie siècle.

23. — Une porte d'un ancien tabernacle de Saint-
Alpin de Châlons, en bois sculpté et doré,
représentant le Christ et l'Agneau Pascal
au calvaire.

24. — La Présentation de Jésus au temple : — bas-
relief en bois sculpté.

25. — Violation de sépulture par un roi : — bas-
relief en bois de chêne sculpté. — xve
siècle.

26. — Une Madone : — statuette en bois dans une
niche sculptée et vitrée.

27. — Une Madone dans une niche en forme de
cercueil. L'intérieur est sculpté en style
ogival. — xve siècle.

28. — Une petite croix en bois, ornée de sculptures, représentant le Père éternel, le Christ, la sainte femme : — Reliquaire contenant des ossements de saint Simon et de saint Sixte.

29. — Une croix de Jérusalem sculptée et incrustée de nacre.

30. — Un tableau en ébène sculpté et en marquetterie, représentant deux hérauts du camp du Drap-d'Or, par Profilet de Paris, 1844.

31. — Le miracle de saint Hubert ou l'apparition du cerf miraculeux : — groupe en bois de chêne sculpté, provenant d'une église. — xve siècle.

IVOIRES.

32. — Une tête de mort et deux os en ivoire sculpté, provenant d'un grand Christ en ivoire.

33. — Une Madeleine repentante, en prière : — statuette en ivoire fixée sur velours noir ; cadre sculpté.

34. — Un diptyque en ivoire, monté sur ébène, représentant une Sainte Famille et un Christ.

35. — Saint Joseph et l'enfant Jésus : — Statuette en ivoire due à un sculpteur espagnol.

36. — Un chevalier armé, monté sur son palefroi. L'homme et le cheval sont sculptés dans un seul morceau d'ivoire.

37. — Un chevalier romain armé. — L'homme et le cheval sont sculptés dans un seul morceau d'ivoire.

38. — Une petite statuette en ivoire, représentant
une femme. — *Mulier meins,*

39. — Une petite statuette représentant un homme.
— *Vir ventrem levans.*

40. — Grande pendule en ivoire, ornements
sculptés et dessins riches, surmontée
d'une statuette représentant le roi saint
Louis tenant la couronne d'épines.

> Cette pendule, d'une grande rareté, provient
> du château de Mme veuve de Calvaro, près
> Lunéville.

TERRE CUITE. — PORCELAINE.

41. — Louis XIII à cheval : — statuette en terre
cuite fixée sur bois.

42. — Un ours en terre cuite : — chinoiserie pour
pot à tabac.

43. — Deux lions. — Modèle en petit des lions
de l'hôtel de ville de Châlons-sur-Marne.

44. — Le berger, la bergère et l'oiseau vivant : —
groupe en terre cuite, de Sifflet, de
Lunéville.

45. — Le berger, la bergère et l'oiseau mort. —
Groupe en terre cuite, de Sifflet, de
Lunéville.

46. — Jeune femme allaitant ses enfants : — groupe
en porcelaine de Saxe.

47. — Epagneul au repos : — porcelaine de Saxe.

ARGENT. — BRONZES. — FER. — ÉTAIN.

48. — Un polyptyque de l'Eglise gréco-russe, en
bronze ciselé et émaillé, représentant
diverses scènes de la vie de Jésus-Christ
et d'autres sujets religieux.

49. — Le Christ mis au tombeau : — très-beau
bas-relief en bronze ciselé, trouvé à la
Guadeloupe en faisant des fouilles après
le tremblement de terre de 1843.

50. — Le Christ en croix : — bronze d'après des
dessins de Lesueur.

51. — Bassin d'église pour offrandes : — cuivre
repoussé représentant l'Annonciation de
la sainte Vierge. — xiiie siècle.

52. — Vichnou, divinité indienne, montée sur
Garonda, le roi des oiseaux : — petite
statuette en bronze.

53. — Un grand surtout de table, à glaces, en
bronze ciselé et doré, statuettes en
bronze, coupes en cristal. — Il ornait la
table tenue à Reims par M. de Jessaint,
lors du sacre de Charles X.

54. — Chandelier et mouchettes en bronze,
trouvés en creusant un puits dans la
maison de Châlons, jadis habitée par
Gabrielle d'Estrées. — xvie siècle.

55. — Petit diptyque, en bronze ciselé et doré,
représentant deux figures allégoriques
des Sciences et de l'Etude.

56. — La Reine des cieux et l'enfant Jésus : —
petite statuette en bronze argenté et doré.

57. — Un grand médaillon en étain, représentant, dans douze petits médaillons, douze empereurs d'Occident, depuis Rodolphe Ier jusqu'à Ferdinand II, roi de Bohême, de Hongrie et empereur d'Occident. — Ce médaillon porte la date de 1630.

58. — Astrolabe planisphère du xve siècle, en cuivre gravé et ciselé.

59. — Reliure d'un livre hébreu in-8°. — Plats et dos en argent, ornements repoussés au marteau, figurines de Moïse et d'Aaron. Objet d'une grande rareté.

60. — Chenets en fonte de fer, ornés de griffons.

61. — Ecusson en fonte de fer, trouvé au Mont-Aimé, près Vertus (Marne).

62. — Une paire de candélabres appliques, à branches contournées : — bronze ciselé et doré. — xviiie siècle.

63. — Priseur râpant du tabac : — statuette en bronze fondu et ciselé. — xviie siècle.

MEUBLES.

Crédence. — Buffets. — Cabinets. — Coffres. — Coffrets. — Tables. — Cadres. — Miroirs.

64. — Buffet en bois de chêne à deux ventaux, orné de cariatides, de statuettes et de bas-reliefs représentant des combats et des chasses. — xvie siècle.

65. — Buffet à un ventail en bois de noyer sculpté : — Cariatides et ornements remarquables. — xvie siècle.

66. — Crédence en bois de chêne sculpté, panneaux
    ornés de figures et d'arabesques en relief,
    clochetons de style gothique flamboyant.
    — XVIe siècle.

67. — Un grand médailler en bois de chêne riche-
    ment sculpté. Sur les panneaux de côté
    l'on remarque les effigies de douze empe-
    reurs romains sculptés en médaillon, et
    sur la porte de face, une sculpture exé-
    cutée par M. Picot et représentant la mé-
    daille donnée par Henri IV, en 1591, aux
    Châlonnais, comme monument de leur
    fidélité.

68. — Un grand buffet à deux corps, en bois de
    noyer, moulures et encadrements en
    ébène. — L'intérieur est orné de pein-
    tures par Vatteau, de fleurs en marque-
    terie et garni de glaces qui réfléchissent
    les objets extérieurs jusqu'à 1,000 fois.

69. — Un grand bureau à deux corps et à cylindre,
    plaque en marqueterie de bois de cytise.
    — XVIIIe siècle.

70. — Une table à éventail, en chêne sculpté : —
    cariatides et ornements en relief. — XVIe
    siècle.

71. — Une table à deux allonges, en bois de chêne.
    — XVIe siècle.

72. — Une grande console en bois sculpté et doré :
    — marbre dit brèche d'Alep.

    Cette console a appartenu à Mgr de Clermont-
Tonnerre, évêque de Châlons. — XVIIe siècle.

73. — Prie-Dieu, autel en noyer sculpté. Style
    grec.

74. — Un grand coffre en bois sculpté, dit corbeille de mariage, du temps de Louis XIII.

75. — Table en bois de chêne, dessus en damier, tour et pieds de Biche sculptés, style Louis XV.

76. — Table en marqueterie, écaille, argent, cuivre, ébène : — meuble de *Boule.*

Provient du maréchal Soult.

77. — Cabinet en marqueterie, écaille, ivoire, argent, ébène. — A l'intérieur, on remarque des colonnettes en écaille et ivoire, un parquet en marqueterie, des glaces et des tiroirs à secret : — meuble de *Boule.*

78. — Cabinet en ébène et à ventaux. — L'intérieur est orné de peintures (sujets mythologiques) et de glaces.

79. — Cabinet revêtu de laque de Chine : — dessins chinois en or.

80. — Coffret en ébène, garni de reliefs en ivoire, représentant d'anciennes ligures de cartes à jouer et des scènes de chasse.

81. — Coffret en bois sculpté, ciselé, au chiffre des Dames de France, contenant le portrait en miniature de l'une de ces princesses.

Il provient du château des Dames de France, à Louvois (Marne). — XVIII° siècle.

82. — Bénitier en bois de noyer sculpté, orne de cariatides et de peinture.

83. — Grand baromètre de Férat, opticien à Châlons-sur-Marne : — ornements et statuettes en cuivre ciselé. — 1822.

84. — Une grande horloge régulateur, boîte
sculptée et dorée. — Siècle de Louis XIV.

85. — Grand cadre en bois de chêne sculpté et
doré : — attributs de la Justice et de la
Religion, aux armes d'un cardinal.

86. — Glace à biseau avec cadre sculpté et doré.
Carquois, arc, flèches, tête de satyre.
(Style Renaissance).

87. — Glace de Venise, à biseau, cadre doré, orné
de sculptures, fleurs, arc et flèches.
(Style Renaissance).

II. PEINTURE.

1o Tableaux. — Portraits.
2o Manuscrits. — Miniatures. — Albums. —
Livres à figures.

88. — Saint Jérôme méditant sur la mort, par Van
Eyck, dit Jean de Bruges. Tableau très-
remarquable, daté de 1419. Peint sur
bois.

89. — La Naissance de Jésus-Christ : — tableau
peint sur bois, entouré d'un premier
cadre où sont peints les quatre Évangé-
listes et l'Adoration des Mages. — Deuxième cadre en bois sculpté et doré.
— XVIe siècle.

90. — Deux Vieillards en prière : — tableau peint
sur bois par Holbein. — XVIe siècle.

91. — Un volet de triptyque où est représentée
d'un côté la Circoncision, par F. Naeff,
et de l'autre une scène du Déluge. — XVIe
siècle.

92. — Lucrèce Romaine se poignardant : — tableau sur bois. — xvie siècle.

93. — Pauvre vieillard mangeant : — tableau peint sur bois par David Teniers. — xviie siècle.

94. — Les Pêcheurs en enfer : — tableau peint sur bois.

95. — L'Adoration des Mages : — tableau peint sur bois, par Franck.

96. — Le passage de la mer Rouge par les Hébreux : — tableau peint sur bois, par Franck.

97. — L'Incendie de Troie : — petit tableau peint sur bois.

98. — Le Chimiste dans son laboratoire : — tableau peint sur toile. Ecole flamande. — xviie siècle.

99. — Abraham chassant Agar et Ismaël : — tableau peint sur bois, d'après Rembrandt.

100. — La Résurrection de Lazare : — tableau peint sur bois.

101. — Jésus guérissant un paralytique : — tableau peint sur bois.

102. — La Décollation de saint Jean-Baptiste : — tableau peint sur bois par un maître flamand.

103. — La Vierge et l'enfant Jésus : — tableau de l'Eglise gréco-russe, trouvé à Sébastopol.

104. — Sainte Famille : — tableau peint sur bois.

105. — La Grand'mère faisant prier son petit-fils : — tableau de l'école hollandaise, peint sur bois. — Brehetemkamps.

106. — Les pestiférés : — deux esquisses sur bois,
de Rubens.

107. — Diane et Endymion : — petit tableau peint
sur bois.

108. — Deux tableaux peints sur bois, représentant
des coupes, des pêches, des citrons et
des fruits, par David Deheem. — XVIIᵉ
siècle.

———

109. — Adoration des bergers : — tableau peint
sur cuivre par Franck.

110. — Saint François d'Assise marqué des saints
stigmates : — petit tableau sur cuivre,
par Franck.

111. — L'Education de la Vierge : — tableau peint
sur cuivre.

112 — Sainte tenant la palme du martyre : — tableau sur cuivre.

113. — Descente de croix : — tableau peint sur
cuivre, d'après Rubens.

114. — Saint Nicolas de l'Eglise grecque de Russie :
— tableau peint sur cuivre.

———

Tableaux peints sur toile.

115. — Vieille femme : — tableau original très-remarquable.

116. — Sainte Madeleine, d'après le Guide.

117. — L'Atelier du peintre flamand.

118. — L'Atelier du sculpteur flamand.

119. — Officine d'un chirurgien flamand.

120. — Officine d'un pharmacien flamand.

121. — Le Savant en étude, par David Rikaerque.

122. — La Vierge à l'ouvroir, d'après Raphaël.

123. — La Mort de la Vierge : — grand tableau attribué à Barthélemy.

124. — Saint Louis, roi de France.

125. — Venise tenant les rois enchaînés : — tableau allégorique.

126. — L'Enlèvement de Proserpine aux enfers.

127. — Un paysage : — trumeau signé Dunonge. (1779.)

128. — Le petit Savoyard, d'après Murillo.

129. — Bacchante : — tableau peint par Valin. (XIXe siècle.)

130. — Neuf esquisses en grisaille, par Nonotte, peintre de Louis XV. — XVIIIe siècle.

Portraits.

131. — Marguerite de Claris, marquise de Nesle :
— peint sur bois par François Porbus,
jeune. — xviie siècle.

132. — Un portrait d'homme, peint sur bois, par
Holbein. — xvie siècle.

133. — Un maréchal de France au xviiie siècle.

134. — Portrait de Nonotte, peint par lui-même.
— xviiie siècle.

135. — Portrait du peintre Lebrun, par lui-même.
— xviie siècle.

136. — Adrienne Lecouvreur : — portrait du commencement du xviiie siècle.

137. — Portrait de Ch. Picot, fondateur du musée
Picot, peint par Arnould, en 1848.

138. — Madame Récamier : — miniature sur ivoire.

139. — Attributs des arts : sculpture, peinture,
etc., par Michel-Ange Cerquozzi, dit
Michel-Ange des Batailles : — tableau
— sur toile. xviie siècle.

140. — Fleurs et fruits, peints par Baptiste : —
xviiie siècle.

141. — Intérieur de cuisine : — tableau sur toile.

142. — Parchemins et vieux livres : — peinture
sur toile.

---

143. — La naissance de Jésus-Christ : — petit tableau peint à la gouache.

144. — Bergère et son troupeau : — dessin de Boucher. — xviiie siècle.

145. — Intérieur de cachot. Prière des morts, d'après Granet.

146. — La Passion de Jésus-Christ : — eau forte par Callot.

147. — Vie et histoire de la bienheureuse Vierge Marie : — eau forte par Callot.

———

148. — Christ en croix, entouré de lévites : — peinture sur verre. — xve siècle.

———

Miniatures. — Manuscrits. — Albums. — Livres.

149. — Quatre miniatures d'un manuscrit du xve siècle, en pleine page. — La Sainte-Trinité, l'Annonciation, la Présentation au temple, la Descente du Saint-Esprit. Cadre de style ogival.

150. — Lecture de l'Evangile selon saint Mathieu : - jolie miniature du xve siècle ; — cadre en ébène, garni d'argent doré et ciselé.

151. — Règles de saint Benoît, méditations et prières : — manuscrit du xiiie siècle, sur vélin. Lettres initiales ornées.

152. — Heures manuscrites de l'archevêché de Reims, sur vélin (xive siècle) : — lettres ornées. Deux grisailles.

153. — Heures manuscrites, sur vélin, du xiv^e
siècle : — initiales peintes. Encadrements
ornés et dorés. 7 miniatures en pleine
page.

154. — Heures manuscrites du xve siècle, sur vélin ;
— ornements en couleur et or bruni. 11
grandes miniatures en pleine page.

155. — Heures manuscrites du xve siècle, sur vélin ; — encadrements de fleurs teintes et
dorées. 5 grandes miniatures.

156. — Heures manuscrites du xve siècle, sur vélin :
— 7 grandes vignettes.

157. — Heures manuscrites de la fin du xve siècle,
sur vélin, en latin et en français : — 24
grandes vignettes en pleine page.

158. — Heures manuscrites à l'usage de Chaalons,
achevées le jeudi 5 novembre 1606, pour
M. Frédéric Bourdon, chanoine de Saint-
Etienne de Chaalons et curé de Vitry-en-
Perthois.

---

159. — Heures à l'usaige de Rome tout au long
sans rien requérir. Avec les figures de
la vie de l'homme et de la destruction
de Hiérusalem. — Imprimées sur vélin,
à Paris, par Gillet Hardoyn, à l'enseigne
de la *Rose-d'Or*.

> « Bon ordre et bonne correction
> » Verrés en ceste impression
> » Tout pour le mieux. »

Incunable très-remarquable du commencement du xvie siècle. Chaque page
est encadrée de vignettes et d'ornements
gravés sur bois. — Nombreuses miniatures gravées en pleine page.

160. — *Imperatorum romanorum imagines ex antiquis numismatis* : — portraits des Empereurs romains, d'après des médailles antiques. Tiguri, ex off. Andreæ Gesneri. — 1559; in-folio.

161. — *Boni et mali scientia* : La science du bien et du mal avec ses suites : dessins par Martin Devos; gravures par Sadier. (1583.)

162. — Le cabinet de la bibliothèque Sainte-Geneviève, par Claude du Moulinet, avec portrait de l'auteur. — Paris, Ant. Dezalies. (1692). — Objets d'antiquité et médailles.

163. — *Theatrum dolorum Jesu Christi* : Tableau des douleurs de Jésus-Christ : — album in-folio par Grég. Huret, de Lyon. (1664.)

162. — *Novæ regionum aliquot amœnissimarum delineationes*. Vues de différents pays gravées par Mérian de Bâle. (1624.)

165. — Œuvre de Jean Holbein, ou recueil de gravures publié par Chrétien de Méchel. (1780.) — Album in-folio. Basle, G. Haas.

166. — Galerie de Florence et du palais Pitti : — dessins de Wicar. Paris, Lacombe (1789). — Album in-folio.

167. — Le Jugement universel, peint par Michel-Ange Bonarotti, dans la chapelle Sixtine, à Rome : — gravures par Piroli. Paris, 1800. — Album in-folio.

168. — Les Loges du Vatican : — grand album in-folio. — 17 gravures.

169. — Les Illustres Français : — album in-folio, gravé par Ponce (xviiie siècle).— Dessins de M. Marillier.

170. — Architetture e prospettive da G. Galli Bibiena (xviiie siècle). Parisiis, apud Basan. — Album in-folio.

171. — Galerie du Palais-Royal, gravée par J. Couché. Paris, 1788. — Album in-folio.

172. — Paris et ses monuments, par Baltard : — feuilles d'album in-folio.

173. — Les principales Aventures de l'admirable Don Quichotte, représentées en figures par Coypel, Picart le Romain, etc. Liége, Bassompierre, 1776.

Livres.

174. — Extrait ou abrégé du livre de Assé, de feu M. Budé, auquel les monnoyes, poids et mesures anciennes sont réduites à celles de maintenant.— Lyon, Thibauld-Payen, 1554, in-24, relié.

175. — Les Mémoires de messire Philippe de Commines, revus par Denis Sauvage. Lyon, Jean de Tournes, 1559, 1 vol. grand in-4o, relié.

176. — Officium Beatæ Mariæ Virginis, illustratum figuris æneis. Antverpiæ, ex off. Plantiniana, apud Balt. Moretum, etc. 1622, 1 vol. grand in-8. Imprimé en caractères d'argent.

177. — Fastorum Marian. Fastes des saints. 3 vol. in-24, reliés en parchemin gaufré.

178. — Heures nouvelles en françois, écrites et
    gravées par Louis Senault. Paris, chez
    Sauteur, 1 vol. in-18, relié.

179. — Tableaux et héroïques des deux Philos-
    trate. Paris, L'Angelier, 1617, 1 vol. in-
    fol., relié.

180. — Annales de la monarchie françoise, par
    M. de Limiers. Amsterdam, L'Honoré et
    Chatelain, 1724, 1 vol. in-folio.

181. — Coustumes du bailliage de Vermandois, de
    Chaalons, de Rheims, de Noyon, de
    Saint-Quentin, de Ribemont, de Coucy.
    1 vol. in-folio, parchemin. Petrus a
    Longa Villa, Cathalauni. 1557.

182. — Feuillet de livre chinois imprimé sur papier
    de bois.

183. — Collection de quelques gravures anciennes
    et modernes.

184. — Album d'assignats, feuilles de parchemin,
    papier bois.

III. ÉMAUX.

185. — Christ bysantin en cuivre et émail, fixé sur
    une croix à pied. — Le corps est plat et
    la tête complètement saillante. (xii^e
    siècle.)

186. — Croix bysantine en cuivre émaillé. —
    Christ saillant. (xiiie siècle.)

187. — Croix bysantine en cuivre émaillé, fixée
    sur bois. — Christ saillant (xiiie siècle).

188. — Un petit émail hexagonal, signé L. L., représentant des femmes au bain. Portrait
de femme derrière l'émail. -

189. — Un émail carré représentant le jugement
du peuple juif contre Jésus. Signé J. K.

190. — Buste de sainte Marie : — émail encadré de
plomb.

191. — Le Baptême de Jésus-Christ : — émail de
P. Nouailher-Layné, émailleur à Limoges.

192. — L'Ensevelissement de Jésus-Christ par les
s. femmes : — émail par P. Nouailher.

> Pierre Nouailher, émailleur, né en 1657, est
> mort à Limoges en 1717.

193. — Jésus couronné d'épines : — émail en grisaille. Signé C. N.

194. — Descente de croix : — émail en grisaille.
Signé C. N.

195. — Saint Roch guéri par un ange : — émail en
grisaille par J. Laudin, émaillleur à Limoges.

196. — Saint Jean-Baptiste à la fontaine : — émail
oval par J. Laudin.

197. — Saint Paul renversé de cheval sur le chemin de Damas : — émail ovale par J.
Laudin.

198. — Saint Ambroise écrivant son traité sur la
virginité : — émail de J. Laudin.

199. — Saint Jérôme écrivant ses œuvres : — émail
de J. Laudin.

200. — Saint Augustin enseignant : — émail de
J. Laudin.

201. — Saint Grégoire, pape, lisant : — émail de
J. Laudin.

> Laudin (Jean), émailleur, né en 1616, est
> mort en 1688. — Laudin (Joseph), né en 1667,
> est mort à Limoges en 1727. Il est assez diffi-
> cile de discerner entre les émaux signés
> Laudin J., quels sont ceux qui appartiennent
> particulièrement à l'un ou à l'autre de ces
> deux émailleurs.

202, — Sainte Catherine de Ricci : — émail de
Noël Laudin, de Limoges. Cadre en bois
sculpté et doré.

> Laudin (Noël), né en 1657, mort à Limoges
> en 1727, habile émailleur, fut maître de des-
> sin du Régent.

203. — Talleyrand : — portrait sur émail par Fu-
tini.

204. — Petite châsse émaillée du XIIIe siècle.

205. — Un Coffret du moyen âge, en cuivre, garni
de quinze émaux représentant diverses
scènes de la mythologie.

206. — Plat émaillé attribué à Bernard de Palissy.
Jésus en croix entouré d'évêques et de
lévites. — Verrière. (Voir le n° 148.)

IV. ARMES.

207. — Un couteau poignard à double gaîne et à
manche de buis.

208. — Petit poignard dont la lame est composée
de cuivre rouge, d'acier, d'argent, de
platine et d'or. — Etui garni d'argent.

209. — Poignard en fer ciselé, avec gaîne. — Modèle pour le moulage.

210. — Poignard castillan à lame ciselée. Manche en cuivre ciselé à jour.

211. — Cimeterrè d'exécuteur des hautes œuvres.

212. — Carabine à rouet, canon hexagone rayé. Batterie ciselée portant le nom de Fréd. Hann. Bois orné d'ivoire gravé. — Vient de la collection du maréchal Oudinot.

213. — Carabine à rouet, canon hexagone rayé. Bois garni d'ivoire gravé.

214. — Carabine à rouet, canon hexagone rayé.

215. — Fusil turc à rouet, canon hexagone rayé. Batterie ciselée. Bois incrusté d'ivoire, représentant des sujets et des attributs de chasse.

216. — Modèle d'armure et d'armes offensives et défensives du xve siècle.

217. — Cotte de mailles du moyen-âge, trouvée au château de Clisson (Bretagne).

V. SERRURERIE. OUVRAGES EN FER.

218. — Clef en fer dans une chappe.

219. — Serrure très-belle à sept pènes et à secrets. — Chef d'œuvre fait pour l'obtention d'une maîtrise. Clef.

220. — Serrure du xvıe siècle, à trois pènes. Clef.

221. — Serrure de coffre avec la clef ciselée. — Chef-d'œuvre de maîtrise. (xvıe siècle.)

222. — Coffre-fort en fer forgé et ciselé. Serrure à six pènes. (xve siècle.)

223. — Hausse-col en fer repoussé et ciselé, représentant un combat de chevaliers,

224. — Lions et couronne ducale en fer repoussé.

225. — Heurtoir du xvᵉ siècle, en fer forgé et ciselé, représentant un cheval marin.

226. — Un coffret ou aumonière en fer forgé et ciselé, avec serrure à secret. (xvᵉ siècle.)

226*bis* — Etui à ciseaux, du xvıᵉ siècle.

VI. OBJETS DIVERS.

227. — Boussole à cadran solaire en argent ciselé, exécutée par Butterfield, de Paris, ingénieur du roi. (xvıııᵉ siècle.)

228. — Tabatière en ivoire ciselé ; — écusson et armes ducales gravées sur le couvercle et sur le fond.

229. — Sceau en cire pour diplôme, à l'effigie et aux armes du roi François 1ᵉʳ.

230. — Un collier en pierres, avec médaillon en ébène, contenant 15 reliques.

231. — Un chapelet en argent, pierres fines et croix de Malte, avec un médaillon frappé à l'effigie de Georg. Wilhelm, et daté de 1673.

232. — Montre du xvııᵉ siècle. Cadran en cuivre émaillé. Boîte en argent ciselé. — OEuvre de Jean Hubert, de Rouen.

233. — Tasse à café et soucoupe en porcelaine dite *bleu grand feu*, provenant de la fabrique impériale de Vienne (Autriche).

234. — Deux cuillères du xvᵉ siècle, en argent, marquées, l'une aux initiales S. S.; l'autre aux initiales A. L. Le manche de chaque cuillère est surmonté d'une figurine.

235. — Fourchette trident articulée, à manche en ivoire garni d'argent. (xviᵉ siècle.)

236. — Cuillères en bois ornées de peintures. Etui en cuir brodé.

237. — Assiette en argent ciselé, aux armes de Napoléon 1ᵉʳ.

238. — Râpe à tabac en buis sculpté. (xviiᵉ siècle).

239. — Pipe en buis, sculptée dans toutes ses parties.

____

240. — Modèle d'escalier tournant et pivotant autour d'une colonne. — Chef-d'œuvre de charpenterie et de menuiserie.

241. — Modèle de vaisseau à trois ponts avec tous ses agrès.

____

242. — Lunette magique exécutée par M. Ch. Picot. (Système de réflecteurs).

243. — Harpe de Hurtz, luthier à Paris, ornée de sculptures, de peintures et de dorures. (1791)

____

244. — Tapisserie des Gobelins, représentant une vue du château de Saint-Ouen. — Genre Louis XV.

Géologie. — Histoire naturelle.

245. — Collection de marbres de France, d'Italie et d'Orient.

246. — Squelette d'une tête de crocodile.

247. — Corne d'aurochs, buffle sauvage, trouvée à Fagnières dans des terrains dégradés par l'inondation de la Marne, en février 1861.

248. — Dent d'éléphant trouvée le 10 juin 1858 dans le sable, à trois mètres de profondeur, près du chemin des Bœufs, entre le champ de manœuvres de Châlons-sur-Marne et Saint-Martin-sur-le-Pré.

249. — Peau de serpent boa, longue de 6 mètres.

Antiquités.

250. — Divinité celtique ou figurine en silex.

251. — Divinités égyptiennes et indiennes, en bronze.

252. — Hachettes celtiques en pierre.

253. — Hachettes gallo-romaines.

254. — Clef, bracelet, fibule, cachet, figurine en bronze, de l'époque gallo-romaine.

255. — Lampe en terre, de l'époque gallo-romaine.

256. — Grande médaille en bronze fondu, à l'effigie du roi Alphonse-le-Magnanime : Divus Alphonsus rex triumphator et pacificus, 1448.

257. — Médaille frappée au nom d'Etienne-Michel Bouret, en mémoire du zèle qu'il a déployé pour conjurer une grande disette. (1747).

VII. MODÈLES DE MACHINES DE L'INVENTION DE M. PICOT, ÉCHANTILLONS, BREVETS.

258. — Modèle au dixième d'une machine inventée en 1834, pour trancher les bois de placage propres à la tabletterie et à la brosserie.

259. — Modèle au dixième d'une machine à couper les bois de placage pour l'ébénisterie, inventée en 1835.

260. — Modèle d'échafaudage mobile s'exhaussant et s'abaissant à volonté, pouvant servir comme machine de sauvetage dans les incendies, ou pour les télégraphes aériens ambulants.

261. — Modèle au dixième d'une machine propre à secouer les bouteilles de vin de Champagne.

262. — Album de feuilles de bois papier, tranchées par M. Picot, à raison de dix feuilles par millimètre.

263. — Echantillon de bois de placage pour ébénisterie.

264. — Brevets d'invention et diplôme.

265. — Portrait de M. Picot. — Reproduction d'un daguerre par Nagel.

La collection d'objets d'art et d'antiquités laissée par M. Picot a beaucoup d'analogie, sauf le nombre des objets, avec la collection du musée de Cluny. En dressant le catalogue du musée Picot, nous devions adopter le meilleur système de classification, nous avons pensé ne pas pouvoir mieux faire que d'adopter le système du musée de Cluny ; c'est donc la méthode des conservateurs de l'ancienne collection Dusommerard, augmentée et conservée dans l'ancien Palais des Thermes et de l'hôtel de Cluny, à Paris, que nous avons suivie autant qu'il nous a été possible de le faire.

Nous nous plaisons à rendre hommage à ces habiles et savants conservateurs, dont on ne saurait trop apprécier l'expérience et suivre les leçons.

CH. G.

147